# LE CONFITVRIER FRANÇOIS,

Où eſt enſeigné la maniere de faire toutes ſortes de confitures, dragées, liqueurs, & breuuages agreables.

*ENSEMBLE*

La Maniere de plier le Linge de Table, & en faire toutes ſortes de figures.

A TROYES,

Chez NICOLAS OVDOT, ruë Noſtre-Dame au Chappon d'Or Couronné. 1664.

# A MONSIEVR MONSIEVR DE MARIDAT LE FILS.

ONSIEVR,

*Auec des Confitures on eſt toûjours le bien venu auprés des enfans : Mais quand ie fais reflexion que vous n'auez iamais eſté enfant, & que vos inclinations, auſſi bien que voſtre merite, ont toûjours beaucoup deuancé voſtre âge, i'ay ſujet de craindre que vous ne me blaſmiez de vous oſer of-*

*frir si peu de chose ; Neantmoins vous sçauez qu'autrefois Dieu promit à son peuple vne terre toute de miel ( en ce temps-là on ne faisoit pas encore les Confitures au sucre. ) Vous n'ignorez pas non plus que Virgile faisant esperer vn siecle heureux, disoit :*

Et duræ quercus sudabunt roscida mella.

*Ainsi ie pourrois dire que de vous presenter mon Confiturier, ce n'est pas vous traitter d'enfant, & que la douceur de vostre naturel m'a conuié à vous donner ce qui pouuoit sortir de plus doux de ma boutique. I'auouërois bien que n'ayant rien à cette heure de meilleur, ie deuois differer iusques à ce que i'eusse quelque chose digne de vous, n'estoit que ne pouuant rien esperer de proportionné à vos merites, i'ay creu me deuoir haster pour auoir au moins cét auantage, d'estre le premier à vous dedier vn Liure; Ie ne doute pas que vostre capacité estant vn iour connuë: les Autheurs ne vous recherchent pour leur protecteur, & qu'on ne vous offre ce qu'il y aura de plus beau en ce genre: Continuant en vostre personne le respect & l'estime qu'ils ont déja pour Monsieur vostre Pere: alors ie seray satisfait de voir vostre vertu reconnuë comme elle le doit estre, & ie me contenteray de pouuoir dire auec le mesme.* At tibi prima puer nullo munuſcula cultu. *Que i'ay au moins esté le premier à vous faire de cette sorte de presens. Ne pouuans reconnoistre les obligations que i'ay à Monsieur vostre Pere, ie m'adresse à vous pour vous en témoigner mes ressentimens, & pour vous offrir vne partie des seruices que ie dois à toute vostre maison, vous donnant vn petit mot d'aduis pour marque de mon affection:*

Quamuis & voce paternæ
Fingeris ad rectum, & per te sapis, hoc tibi dictum
Tolle memor.

Horace.

*Quoy que vous ayez vne sagesse auancée, quoy que vous soyez esleué par vn Pere de tres-grand merite, mon Confiturier prendra pourtant la liberté de vous faire ressouuenir d'vn conseil de Salomon en ses Prouerbes :* Comede me fili mi, quia bonum est. *Mangez du miel parce qu'il est bon, c'est à dire, conseruez tousiours cette douceur de naturel que Dieu vous a donnée; il ne fait pas ce present à tout le monde, & il n'y a pas de meilleure dispoſition pour vous faire croiſtre de vertu en vertu, & de ſcience en ſcience, qui ſont les vœux & les plus paſſionnez ſouhaits,*

*MONSIEVR,*

De

Voſtre tres-humble & tres-obeïſſant ſeruiteur,

I. G.

# ADVERTISSEMENT AV LECTEVR.

SI vous voulez faire voſtre profit de ce Liure, remarquez bien toutes les cuiſſons du ſucre ; & lors que ie dis cuit à liſſe gros, à liſſe menu, à perle groſſe, à perle menu, le menu eſt le moins cuit, le gros eſt le plus cuit : quand ie dis cuit en gelée, c'eſt lors que le ſucre eſt meſlé auec des decoctions, ou des jus de fruict. La gelée eſt faite lors qu'en prenant du ſyrop auec vne culliere, le verſant en bas, il tombe par gros morceaux & ne coule plus comme fait le ſyrop.

Prenez garde que les bouteilles où vous mettez vos breuuages agreables, ſoient bien nettes & les bouchez bien auſſi.

Tenez vos eaux d'Italie le plus fraichement que vous pourrez, & ne les faites qu'à meſure que vous en aurez affaire.

Ne mettez pas vos ſyrops en lieu trop ſec, de crainte qu'ils ne candiſſent.

Le balet dont ie vous parle pour vos creſmes & laictages doit eſtre fait de bouleau bien épluché, ou de branches d'ormeau pelé ; faites-le de la groſſeur du poulce, & le liez bien ; coupez les bouts.

Les Salades auſquelles ie ne mets point d'aſſaiſonnement, ſe ſeruent auec le vinaigre & le ſucre.

Vous pouuez ambrer & muſquer toutes les praſlines auec le muſc &

ambre preparé. Vous pouuez aussi auec le mesme musc & ambre musquer & ambrer vos massepins, mesme les glacez.

Vous pouuez donner les couleurs aux conserues auec les couleurs preparées, lors que vous ne trouuez pas des fruicts : Par exemple, au lieu de pistache, vous employerez vn jus de poirée, & au lieu de grenade, vous pourrez vous seruir d'épine-vinette; vous le pouuez aussi ambrer & musquer.

Les fruicts & fleurs que vous blanchirez, tenez-les tousiours en lieu sec

Vous pouuez donner telle couleur que vous voudrez à vos pastes de sucre auec les couleurs preparées.

Nettoyez bien la paille sur laquelle vous tirerez vos oranges & citrons ; vous pouuez les tirer aussi sur des clayes ou fils d'archal.

Vous pouuez garnir vos compotes auec de l'escorce de citron confit, des cerises à oreille, des pistaches, grains de grenades, marons, brignolles, &c.

Ie n'ay point mis le sucre qu'il faut aux confitures à chaque article crainte de faire vn trop gros volume ; mais si vous les voulez bien faire, mettez aussi pesant de sucre que de fruict à toutes : excepté les cerises & les coins.

Mettez aux cerises trois quarterons de sucre pour vne liure de cerises, on les peut faire auec moins de sucre, & ne mettre qu'vne demie liure pour vne liure de sucre

Mettez aux coins cinq quarterons de sucre pour vne liure de fruict.

Pour les oranges, citrons, vous

n'en pouuez trop mettre, il faut qu'ils nagent dans le ſucre, le reſte vous peut ſeruir aux conſerues, aux praſlines, aux compotes de poires, & aux noix vertes.

Mettez auſſi liure à liure aux confitures ſeiches, & apres les auoir tirées de l'eſtuue, mettez les dans les boëtes de ſapin, ou autres, mettant touſiours du papier entre deux crainte qu'elles ne ſe gaſtent, & les tenez en lieu ſec, ayez ſoin de les changer ſouuent de papier, au moins iuſqu'à ce qu'elles ne iettent plus de ſyrop, & que le papier ne ſoit plus moüillé : Du reſte du ſyrop vous pouuez vous en ſeruir aux confitures liquides, & aux paſtes de fruict, en meſlant moitié ſucre, moitié ſyrop.

Mettez auſſi les paſtes de fruict dans des boëtes, & les changez ſouuent de papier, mettez aussi pesant de sucre que de marmelade pour faire vos pastes, vous les pouuez faire à trois quarterons de sucre ou à demie liure.

Tenez vostre candi en lieu sec. Aux pastes de Gennes, mettez vne demie liure de sucre à vne liure de marmelade.

Tenez vostre sel blanc en lieu sec.

Tenez bien nets vos bassins, ou poëslons dans lesquels vous ferez vos confitures, & qu'ils soient de cuiure rouge, l'escumoire & culliere de mesme cuiure, ou d'argent.

Que le four pour cuire vos massepains soit de fer ou de cuiure rouge, ce n'est pas que l'on ne les puisse faire cuire dans vn four de Patissier, ou Boulanger, faute d'autre.

# LE CONFITVRIER FRANCOIS,

## OV LA MANIERE DE FAIRE toutes ſortes de Confitures, Liqueurs, & Breuuages agreables.

---

### CHAPITRE I.

*Preparation du Muſc & de l'Ambre.*

METTEZ le Muſc ou Ambre dans vn petit mortier de fonte, & le broyez bien auec le pilon auſſi de fonte, mettez-y vn peu de ſucre en poudre, & apres l'auoir bien broyé, mettez-le dans du papier pour vous en seruir à ce que vous voudrez.

---

## Couleurs préparées.

### CHAPITRE II.

### *Poirée preparée pour faire de la couleur verte.*

PRenez des feüilles de poirée bien verte, ostez les cottons, & les lauez bien, & les pilez dans vn mortier, puis les passez dans vn linge pour en tirer le ius, & le mettez dans vn plat, & le faites boüillir vn boüillon, iettez-le sur vn tamis, ou seruiette, prenez ce qui restera sur le tamis pour vous en seruir à vos pastes & conserues.

### *Cochenille preparée.*

Prenez vne once de cochenille, demie once d'allun, demie once de cristal mineral & broyez bien le tout ensemble dans le mortier de fonte; lors que vous voudrez vous en seruir, délayez le auec vn peu de verjus, ou de l'esprit de vin, & le passez dans vn linge, & vous seruez du jus.

### *Gome adragant.*

Vous la trouuerez sur les Espiciers & Droguistes.

### *Fleurs de lys.*

En Esté prenez des fleurs de lys, prenez les brains jaunes qui sont dedans, faites les seicher, & les mettez en poudre lors que vous en aurez affaire.

---

## CHAPITRE III.

### *Clarification du Sucre & Castonnade.*

METtez vostre sucre ou castonnade dans vne bassine ou poëslon, faites le boüillir, mettez des œufs dans vne terrine, ou autre vaisseau, sçauoir les coques blanc & le iaune, ou si vous voulez n'y mettez que le blanc, mais tout y eſt bon : foüettez-les auec le petit balet, & de l'eau, iuſques à ce qu'ils ſoient tous en eſcume, mettez en vne partie dans voſtre ſucre lors qu'il commence à boüillir, le remuez auec l'écumoire, & apres eſcumez-le, & y remettez encore du blanc d'œufs foüettez, & l'écumez; continuez iuſqu'à ce qu'il ſoit bien clair & bien net, paſſez-le dedans vne chauſſe ou linge, il ſe gardera ſi long-temps que voudrez pour peu qu'il ſoit cuit à liſſe.

A vingt-cinq liures de caſtonade, il faut enuiron trois pintes d'eau pour la faire fondre, & trois œufs pour la clarifier, & trois demy ſeptiers d'eau auec les œufs pour les foüetter enſemble, faites en ſorte auant que paſſer voſtre ſucre, qu'il ſoit cuit à liſſe.

### *Cuiſſons de ſucre.*

La premiere eſt à liſſe, elle ſe remarque lors que le ſyrop commence à s'épaiſſir, qu'en le prenant auec le doigt, & le mettant ſur le poulce, il ne coulle plus, & demeure rond comme vn pois.

*Cuit à perle.*

Seconde cuisson est lors qu'en prenant auec vn doigt, & le mettant sur le poulce, & ouurant les doigts il en sort vn petit filet ; & lors qu'il en sort vn gros de la longueur de la main, cela s'appelle à perle grosse.

*Cuit à la plume.*

3. Cette cuisson a plusieurs noms differents, les vns disent à soufle, les autres à l'espatule, d'autres à rosard, d'autres à la plume, à laquelle ie m'arreste, & elle se remarque en mettant vne espatule dedans, & secoüant le sucre en l'air, il s'enuole comme des plumes seiches sans gluë ; ou bien trempez vne écumoire dans le sucre, souflez au trauers iusqu'à ce que le sucre s'enuole par feüilles: Cette cuisson est celle des conserues & des tablettes.

*Cuit à bruslé.*

4. Cette cuisson se remarque lors que l'on trempe son doigt dans de l'eau fraische, puis dans le sucre, & qu'en le remettant dans l'eau fraische, le sucre se casse net comme vn verre sans gluë, on peut faire la mesme remarque auec vn

petit baston. Cette cuisson est celle du grand biscuit de citron, celle du caramel, & du sucre tors, ou penide, c'est la derniere cuisson du sucre.

---

## Breuuages delicieux.

### CHAPITRE IV.

### *Hypocras.*

PRenez de bon vin, le mettez dans quelque vaisseau bien net, & qui ne puisse pas donner de mauuais goust. Mettez dedans du sucre ou castonnade, vn peu de canelle, du gingembre la grosseur d'vne noisette, du poiure long deux brains, douze cloux de girofle, de la fleur de muscade, ou massis deux feüilles, vne pomme de reinette pellée & coupée par rouëlle; laissez le tout tremper enuiron demie heure, tenez le couuert, puis pilez vne douzaine d'amendes douces à demie pilées, & les mettez dans vostre chausse quand vostre sucre sera fondu, & que vous serez prest à passer vostre hypocras ; mettez dedans vn peu d'eau de fleur d'orange , & le passez sur vos amendes,& le passez trois ou quatre fois : si vous le voulez ambrer & musquer, broyez vostre ambre & musc dans vn petit mortier auec vn peu de sucre en poudre, & le mettez dans du cotton, ou filasse , & l'attachez au bas de vostre chausse, & passez l'hypocras par dessus ; si vous voulez le garder plus de huit iours, n'y mettez point de pomme,ny de citron. Il faut à deux pintes de vin enuiron vne liure & demie de sucre deux grains d'ambre, & vn grain de musc.

### *Rossoly.*

Prenez de bon esprit de vin, le mettez dans vne bouteille ou vaisseau bien net, & estroit par enhaut, mettez dedans six grains de poiure blanc concassé du poiure long deux grains , du massis deux feüilles, vn peu de canelle, douze cloux de girofle, gros comme vne noisette de gingembre, & que le tout soit bien proportionné , de l'any & de la coriande trois pincées qui soient concassées bouchez le bien, & le laissez infuser vingt-quatre heures en lieu frais, puis le passez dans vne chausse comme l'hypocras, mettez vn ius de citron en le passant, faites cuire vostre sucre à la plume, puis ostez le de dessus le feu, & mettez vostre esprit de vin dedans, & le passez derechef à la chausse, il faut beaucoup plus d'ambre & de musc qu'à l'hypocras; Il faut à vne pinte d'esprit de vin trois liures de sucre.

### *Populo.*

Faites la mesme composition qu'au Rossoly, faites cuire vne liure de sucre à la plume, mettez demy septier d'esprit de vin dedans, apres l'auoir passé, & le laissez refroidir, mettez dedans vne chopine de bon vin blanc bien clair, vne pomme de reinette pelée & coupée par rouëlle, vn peu d'eau de fleur d'orange, passez-le à la chausse comme le rossoly, n'oubliez pas à le bien ambrer & musquer.

### *Angelique.*

Prenez vne pinte de blanquette, ou

vin de Scipion, mettez dedans vne liure de sucre royal, vn peu d'anis & de coriande concassée, vne pomme de reinette, & vn citron pelé & coupé par roüelle, trois ou quatre zestes de citron, vn peu de poudre de cypre, vn peu d'eau de fleur d'orange, laissez le tout infuser sans feu demie heure, & le passez à la chausse auec ambre & musc comme l'hypocras.

## *Vin bruslé.*

Prenez vne aiguiere d'argent, ou pot de terre neuf, mettez dans vne pinte de bon vin vne liure de sucre, vn peu de massis, du poiure long, cloux de girofle, vne branche de laurier, deux branches de romarin ; & ayez vn grand feu de charbon, mettez vostre pot au milieu, & que le feu soit tout autour : lors qu'il bout bien fort, mettez y le feu auec du papier ; & lors que le feu de dedans s'éteint, il le faut oster de dessus le feu, il se boit tout chaud.

### *Vin des Dieux.*

Pelez des pommes de rainette, & des citrons, autant de l'vn que de l'autre, les coupez par rouëlles, ayez vn bassin ou plat, faites vn lict de pomme & de citron, & mettez dessus vn lict de sucre en poudre, & continuez selon la quantité que vous en desirez faire, & mettez de bon vin par dessus iusques à ce qu'elles trempent, les couurir & les laisser enuiron deux heures infuser, & le passez à la chausse comme l'hypocras.

### *Sorbec, façon d'Alexandrie.*

Prenez vne rouëlle de veau, la degraissez bien, coupez la par morceaux, la faite cuire auec trois pintes d'eau iusqu'à ce qu'elles soient reduittes à chopine, & la passez dans vn linge, & prenez la decoction, & la mettez auec deux liures de sucre, & le ferez cuire a la plume, & l'ostez de dessus le feu, & mettez dedans vne chopine de ius de citron, & la mettez dans des phioles de verre; cette liqueur

liqueur de conserue pourueu qu'elle soit bien bouchée & tenuë en lieu sec, & lorsque l'on s'en veut seruir, il en faut prendre deux cuillerées, & les mettre dans vn verre & l'emplir plein d'eau fraische, & le verser dans vn autre par plusieurs fois.

### *Aigre de Cedre.*

Prenez vn quarteron de gros citrons, les coupez de leurs longueurs, ostez les testes & les pepins, leuez bien doucement l'endroit où est le jus, & le mettez dans vn pot de terre neuf : faites cuire deux liures de sucre à la plume, & lors qu'il sera cuit mettez vostre pot sur vn grand feu de charbon & iettez vostre sucre cuit dedans, & le laissez bouillir iusqu'à ce que le syrop soit cuit à perle, il se conserue & s'employe de mesme que le Sorbec.

### *Limonade.*

Prenez vne pinte d'eau, mettez dedans demie liure de sucre, le ius de six citrons & de deux oranges, l'écorce de la moitié d'vn citron & d'vne orange que vous aurez pressé : battez bien l'eau dans deux vaisseaux bien nets en la versant l'vn dans l'autre plusieurs fois, & la passez dans vne seruiette blanche.

### *Orangeade.*

Elle se fait de mesme façon que la Limonade, sinon qu'il n'y faut point de citrons.

## LES EAVX D'ITALIE.

### *Eau de Framboise.*

Prenez des Framboises bien mures, les pressez & les passez dans vn linge, mettez le jus dans vne phiole ou bouteille de verre découuerte, mettés-la trois ou quatre heures au Soleil, puis tirez le jus bien doucement crainte de remuer la lie qui est au fonds; mettez demy septier de jus auec vne pinte d'eau fraische, demie liure de sucre, les battez bien dans deux vaisseaux, & lors que le sucre est fondu, passés-la dans vne seruiette : Elle se boit le plus frais que l'on peut.

L'eau de Cerise, de Grenade & de Groseille se font de la mesme façon.

### *Eau d'Abricots.*

Prenez des Abricots bien murs, ostez les noyaux, faites-les cuire dans de l'eau bien nette, & laissez refroidir l'eau, & la passez dans vne seruiette, mettez à vne pinte d'eau vn quarteron de sucre : Elle se boit comme celle de Framboise.

### *Eau de Iasmin.*

Prenez vne pinte, mettez-y vn quarteron de sucre royal, vne poignée de fleurs de Iasmin, mettez le tout tremper ensemble l'espace de demie heure, & les battez dans deux vaisseaux, puis la passez dans vne seruiette.

L'eau de fleurs d'orange, & de roze muscade, se font comme celle de Iasmin.

### *Eau d'Espine-Vinette.*

Prenez les grains de l'Espine-Vinette, faites-les boüillir vn boüillon auec vn peu d'eau, les passez, prenez le jus, & en mettez demy septier, auec vne pinte d'eau, vn quarteron de sucre, battez les bien dans deux vaisseaux, & la passez dans vne seruiette.

### *Eau de Coriande.*

Concassez de la Coriande, & la mettez dans vne pinte d'eau fraische auec vn quarteron de sucre, & les laissez tremper iusqu'à ce que l'eau ait bien pris le goust, & la passez.

L'eau d'Anis, d'Orange & de Citron, se fait de mesme celle de Coriande.

*Eau de Canelle.*

Faites bouillir vne pinte d'eau, auec demie once de canelle rompuë par morceaux, apres l'auoir osté de dessus le feu, mettez y vn quarteron de sucre, laissez la refroidir, & la passez.

---

## Syrops rafraischissants.

### Chapitre V.

*Syrop de Violette.*

SEparez les feuïlles de Violette d'auec leurs boutons, & les pilez dans vn mortier, faites cuire du sucre à la plume, ostez le de dessus le feu, & remettez vos Violettes dedans, & les remuez auec le sucre, pasez-les dans vne seruiette : Il faut à vne liure de sucre quatre onces de feüilles de violette mondez.

*Syrop de Violette par infusion.*

Prenez vn coquemar de terre neuf, mettez quatre onces de violette mondees dans vne chopine d'eau, le bouchez bien, faites-le infuser sur de la cendre chaude l'espace de vingt-quatre heures, passez les violettes dans vne seruiette, & les pressez, prenez la decoction qui en sort, faites-la boüillir auec vne liure de sucre, iusqu'à ce que le syrop soit cuit à perle, tirez-le, & le serrez dans vne phiole ou bouteille de verre, & le bouchez lors qu'il sera froid.

Syrop de bouroche, de buglose, de roze pasle, se font de mesme que celuy de violette.

*Syrop de Cerise.*

Prenez deux liures de cerises bien mures, ostez la queuë & les noyaux, faites-les boüillir auec demy septier d'eau iusqu'à ce qu'elles ayent ietté toute leur eau, passez-les dans vne seruiette, prenez demy septier du jus, & le mettez auec vne liure de sucre, faites-les boüillir iusqu'à ce que le syrop soit cuit à perle : Il se doit faire à grand feu, puis les tirez, & les serrez.

*Syrop d'Abricots.*

Prenez des Abricots bien murs, les pelez, & ostez les noyaux, mettez sur vn bassin de petits bastons bien nets : faites sur les bastons vn lict d'Abricots, & vn lict de sucre en poudre, & continuez selon la quantité qu'en desirez faire : couurez les & les mettés à la caue toute vne nuict, tirés le syrop qui sera tombé dans le bassin si vous le voulez garder, faites-le boüillir vn boüillon jusqu'à ce qu'il soit cuit à perle.

Les Abricots vous peuuent seruir à faire des tourtes ou marmelades.

*Syrop de Verjus.*

Pilés du Verjus & en tirés le jus, mettés-le dans vne bouteille de verre découuerte, mettés-la au Soleil, ne la bouchés point, & la tenez tousiours pleine : lors que le Verjus sera clair, faites cuire vne liure de sucre à la plume, & mettez demy septier de Verjus dedans, tirés-le & le serrez.

*Syrop de Coins.*

Rapez des Coins bien murs, pressez

la rapure dans vne seruiette ou presse, prenez le jus qui en sort, & le mettez dans vne phiole de verre, mettés-le au Soleil ou en lieu chaud; & lors qu'il sera clair, faites cuire vne liure de sucre à la plume, ostés-le de dessus le feu, & y mettés dedans quatre onces du jus, tirés le & le serrés.

*Syrop de Mures.*

Prenés vn demy-cent de mures qui ne soient encore que rouges, faites les bouïllir auec demy septie d'eau; lors qu'elles seront cuites, p sses les dans vne seruiette, & les presses, prenés le jus, faites le bouïllir auec vne liure de sucre, jusqu'à ce qu'il soit cuit à perle, tirés-le & le serrés.

*Syrop de pommes.*

Pelés des pommes par ruëlles, ostés les pepins, accommodés-les comme le syrop d'abricots, mais ne les faites point cuire.

*Syrop de Grenade.*

Epluchés bien les grains & les pressés, & en tirés le jus, mettés-le dans vne bouteille de verre en lieu chaud lors qu'il sera clair, faites cuire vne li ure de ſucre à la plume, oſtez-le du feu & y mettez demy ſeptier de jus de grenade, tirez le & le ſerrez.

*Syrop de Citron.*

Faites cuire vne liure de ſucre à la plume ; prenez quatre onces de jus, & le mettez dans le ſucre hors du feu, tirez le & le ſerrez.

## CHAPITRE VI.

*Praſlines.*

FAites cuire vne liure de ſucre preſque à la plume, mettez dedans vne liure d'amandes douces auec leurs peaux & les remuez, & lors que vous verrez que le ſucre ſera cuit à la plume, oſtez-les de deſſus le feu & les laiſsez refroidir en les remuant touſiours pour leur faire prendre leur ſucre, & eſtant froide mettez-les ſur vne table, oſtez le ſucre qui n'aura pas pris aux praſlines, & le mettez à part ; remettez les praſlines dans la baſſine où elles auront cuit ſur le feu, & les remuez touſiours auec l'eſpatule : lors qu'elles ietteront leur jus ; mettez le ſucre qui a reſté dedans ; & les remuez pour les faire couurir de ſucre, & lors qu'elles iettent leur jus mettés les en bas, & remués les iuſqu'à ce qu'elles ſoient froides : remettés les encore vne fois ou deux ſur le feu pour les faire rougir, remués touſiours, & les oſtés lors qu'elles commencent à ietter leurs eaux : Vous les pouués ambrer & muſquer.

*Praſlines de Citron.*

Prenés des zeſtes de citron & les faites cuire à l'eau & confire, comme il eſt dit dans le Traicté des zeſtes de citrons & d'oranges. Lorſque le ſucre eſt cuit à perle mettés les zeſtes dedans & les oſtés du feu, remués les bien afin qu'ils ſe couurent de ſucre, tirés les ſur de la paille comme des oranges.

*Praſlines de violette.*

Faites cuire demie liure de ſucre à la plume, oſtés le du feu, mettés dedans enuiron trois onces de feüilles de violette mondée, & vne liure de praſlines, remués le tout enſemble auec l'eſpatule, & les tirés ſur de la paille.

*De roze, & genests.*

Prenés des feuïlles de rozes & les coupés bien menuës, & faites les praslines comme celles de violette.

---

## Conserues.

### Chapitre VII.

*Conserue de fleurs d'Oranges.*

MOndés la feuïlle de fleurs d'orange de son bouton, coupés-la par petits morceaux, faites cuire du sucre à la plume ostés-le du feu, mettés vostre fleur d'orange dedans, remués-la auec vne cuiliere ou espatule, & la dressés sur du papier lors qu'elle commence à froidir.

*De fleur d'Orange liquide.*

Mondés la fleur d'orange de son bouton, & la faites bouïllir vn bouïllon dans de l'eau, tirés-la & la mettés dans de l'eau fraische, faites-la égouter & la pilés dans vn mortier, faites cuire du sucre à la plume, ostés-le du feu, mettés vostre fleur d'orange dedans & le meslés ensemble, & la mettés dans vn pot de fayance ou grais, & la laissés refroidir auant que de la couurir : Il faut vne liure de sucre à demie liure de fleur d'orange.

*Conserue d'eau de fleurs d'orange.*

Faites cuire du sucre à la plume ostés-le de dessus le feu, mettés dedans vn peu d'eau de fieur d'orange, & la dresses sur du papier.

*De grains de grenade.*

Mondés les grains de grenade bien rouge, faites vne quaisse de papier de grandeur pour contenir le sucre que vous y voudrés mettre, mettés les grains de grenade dedans, faites cuire du sucre à la plume, & le versez dans la quaisse sur la grenade, lors qu'elle commence à froidir, coupés-la par bande auec vn couteau.

*De Pistache.*

Mondés les pistaches auec de l'eau chaude, & les mettés dans de l'eau froide, faites-les égouter & les pilés dans vn mortier, faites cuire du sucre à la plume, ostés le du feu, & mettés les pistaches dedans, & les meslés bien, & les dressés sur du papier.

*Autre conserue de pistache.*

Mondés des pistaches & les coupés par morceaux, faites cuire du sucre à la plume, & mettés des pistaches dedans & les dresſés sur du papier.

*De jus de Citron.*

Faites cuire du sucre à la plume, ostés le du feu, mettés du jus de citron dedans, & le dreſſés sur du papier.

*Rapure de Citron.*

Rapés vn citron dans de l'eau, passés la dans vn linge, faites secher la rapure, faites cuire du sucre à la plume, mettés la rapure dedans & la dressés sur du papier.

*Conserue de Rose.*

Prenés des rozes de Prouins en poudre, & les délayez auec vn peu de jus de citron, faites cuire du sucre à la plume, ostés le du feu, & mettés les rozes dedans, & les dressés sur du papier.

*Conserue de Violette.*

Mondés les feuïlles de violette de leurs boutons, pilés les dans vn mortier, & les passez dans vn linge pour en tirer le jus, faites cuire du ſucre à la plume, oſtés le de deſſus le feu, & mettés voſtre jus de violette dedans, le remués & le dreſſés ſur du papier.

### *Conſerue de violette marbrée.*

Faites la de meſme façon que l'autre, & apres auoir mis le jus de violette, mettés y vn peu de jus de citron, & elle ſe fera de pluſieurs couleurs.

### *Conſerue marbrée.*

Prenés des abricots ſecs, des ceriſes ſeches, de l'écorce de citron confite bien verte, coupés les par petits morceaux, faites cuire du ſucre à la plume, & les mettés dedans & la dreſſés. Vous pouuez en faire auſſi de toutes ſortes de fruicts & de fleurs de diuerſes couleurs.

### *De Ceriſes.*

Prenés des ceriſes bien mures, oſtés les noyaux & la queuë, faites les vn peu bouïllir auec de l'eau, égoutés les bien, coupes les par morceaux, faites cuire le ſucre à la plume, oſtés le de deſſus le feu, & mettés vos ceriſes dedans & les dreſſés.

*Ius de cerise.*

Prenés des cerises vn peu vertes & en tirés le jus, & les faites comme les precedentes.

Groseilles rouges & framboises, se font comme les cerises.

*Caramelle.*

Faites cuire du sucre à brûlé, ostés-le du feu, mettés vn peu d'ambre dedans, frotés vne pierre de marbre ou assiette d'huile d'amendes douces, jettés vostre caramelle dessus par petits morceaux comme de la conserue, & la tirés auec la cuiliere.

*Sucre tors.*

Faites cuire du sucre à brûlé, ostés-le du feu, & le iettés sur vne pierre de marbre que vous aurés froté d'huile d'amende douce, frotés aussi vos mains & le maniés bien, ayés des crochets de fer pour le tirer & le filer, & le dressés comme le massepain tortillé.

*Peneides.*

Elles se font de mesme le sucre tors.

*Tranches de jambon.*

Faites cuire du sucre à la plume, mélés-le dans trois vaisseaux; dans l'vn mettés du jus de citron, dans l'autre des roses de Prouins, & à l'autre de la cochenille en poudre, ou du jus de grenade ou d'espine-vinette en poudre, faites vn lict de la blanche sur du papier, deux licts de rouge, continués iusqu'à ce que le sucre soit de l'épaisseur d'vn jambon, coupés-le par tranches en forme de tranche de jambon.

---

## La maniere de blanchir les fruicts & les fleurs.

### Chapitre VIII.

*Blanchir le fenoüil, cerises, groseilles, &c.*

PRenez des bouquets de fenoüil lors qu'ils sont défleuris ou secs, mettés des blancs d'œufs dans vn plat, auec vn peu d'eau de fleur d'orange, trempés les bouquets dedans, puis les sucrés de sucre en poudre iusqu'à ce qu'ils soient tous blancs, faites-les secher deuant le feu ou au Soleil.

*Fenoüil au sec.*

Prenés des jettons ou branches de fenoüil vert bien tendre, faites-les boüillir à grande eau, estant cuites mettés les dans de l'eau fraische, égoutés les bien, faites cuire du sucre à perle, mettés vostre fenoüil dedans, & le faites boüillir à grand feu iusqu'à ce que le sucre soit cuit à la plume, ostés le du feu, & tirés le fenoüil sur de la paille.

*Rozes au sec.*

Prenés des boutons de rozes, ostés le vert, laissez la queuë, faites les boüillir deux ou trois boüillons, mettés les dans de l'eau fraische, confisés, & les tirés de mesme le fenoüil.

---

## Chapitre IX.

### *Oranges & Citrons entiers.*

Levez la peau des oranges le plus delicatement que vous pourrez, mettés la pelure dans de l'eau fraische, & les oranges dans d'autre eau, faites boüillir

boüillir de l'eau, fendez les oranges par le bout, & les mettez cuire, faites-les boüillir demie heure, & les tirez & mettez dans l'eau fraische, vuidez le jus, les zestes & les grains de dedans auec vne petite cuiliere d'acier, faites cuire du sucre à perle, égoutez les oranges, faites-les bouïllir à grand feu iusqu'à ce que le sucre soit cuit à la plume, ostez-les de dessus le feu, les laissez vn peu reposer, tirez les oranges sur de la paille, & les laissez secher auant que de les leuer: Pour vn quarteron d'oranges il faut enuiron six liures de sucre.

### *Oranges par anneaux.*

Pelez les oranges comme les entieres, & les coupez par roüelles de l'épaisseur d'vn demy doigt, mettez-les dans de l'eau fraische, faites boüillir de l'eau, égoutez-les, vuidez le dedans des anneaux, faites-les cuire à l'eau, estant cuites tirez les & les mettez dans l'eau fraische, & les confisez comme les oranges entieres, & les separez en les tirant sur la paille.

### *Oranges en Tailladins.*

Pelez les oranges de mesme les autres, mettez-les à mesure dans de l'eau fraische, coupez-les en quatre, vuidez bien le dedans, & les nettoyez auec vn couteau, coupez les par bandes comme des lardons, mettez les à mesure dans l'eau fraische, faites boüillir de l'eau & les esgoutez, & les mettez dedans, faites les cuire, & les remettez dans l'eau fraische, confisez les comme les autres, & les tirez sur la paille auec des fourchetes en forme de petits rochers.

*Zestes d'oranges.*

Prenez les zestes ou pelures que vous auez leuez, faites les boüillir à grande eau enuiron demy quart d'heure, tirez-les, & les mettez dans l'eau fraische, faites les boüillir dans quatre eaux differentes, & les mettez tousiours dans de l'eau fraische, faites les esgouter & les confisez comme les oranges, & les mettez sur la paille en forme de petits rochers.

*Citrons par quartiers.*

Pelez les citrons comme les oranges, fendez les en quatre, & nettoyez bien le dedans, mettez les à mesure dans l'eau faiſche, faites boüillir de l'eau & les mettez dedans, tirez les lors qu'ils commenceront à amollir, & les mettez dans l'eau fraiſche, confiſez les comme les oranges, & les tirez ſur la paille, ſeparez les les vns des autres.

Tailladins de citrons ſe font de meſme ceux d'oranges.

*Chair de citron.*

Prenez de gros citrons ou limons, & les pelez comme les oranges, leuez la chair auec vn couteau le plus long & le plus large que vous pourrez, & de l'eſpaiſſeur d'vn eſcu blanc, mettez les à meſure dans l'eau fraiſche, faites les cuire à l'eau; & les confiſez comme les quartiers de citron, & les mettez ſur la paille ſans qu'ils ſe touchent l'vn & l'autre.

Chair de ponſiere & de ballotin, ſe confiſent de meſme celle de citron:

## Confitures qui ne se font point sur les Confituriers de boutique.

### CHAPITRE X.

### *Compote de pomme.*

PRenez des pommes de reinette, les pelez, & les coupez par quartiers, ostez les cœurs, & les mettez à mesure dans l'eau fraische, faites-les cuire auec de l'eau & du sucre à grand feu, estant cuites tirez-les & les mettez égouter sur vne assiette ou sur le bord d'vn plat, & les dressez sur vne assiette, & acheuez de faire cuire vostre syrop, faites-le boüillir iusqu'à ce qu'il soit cuit en gelee, & lors qu'il commence à froidir mettez le sur les pommes auec vne cuiliere : Il faut pour six pommes trois chopines d'eau, & trois quarterons de sucre.

### *Compote de Calui.*

Prenez des pommes de calui bien rouges, coupez-les par quartiers, fendez la peau par taillades, ostez le cœur, & la faites cuire comme la compote de reinette, n'y mettez pas tant d'eau, & y mettez demy septier de vin.

### *Autres pommes.*

Coupez des pommes de reinette par quartiers, ostez les cœurs & les faites cuire auec chopine d'eau & demie liure de sucre lors qu'il n'y aura plus de syrop, & qu'ils commenceront à rostir par dessous, mettez vne assiette dessus, & les renuersez comme vn fromage que l'on retourne, faites que la peau soit dessus.

### *Pommes entieres.*

Prenez des pommes de reinette, tailladez la peau, & les faites cuire comme les pommes par quartiers, laissez y vn peu de syrop & les seruez entieres.

### *Gelée de pommes de reinettes.*

Pelez des pommes de reinettes, coupez-les par morceaux, ostez les pepins, faites-les cuire auec de l'eau, passez-les dans vne seruiette & les pressez bien, prenez la decoction des pommes & la faites boüillir auec du sucre à grand feu iusqu'à ce que le syrop soit cuit : Il faut pour vne pinte de decoction vne liure de sucre.

*Gelée de Grenade.*

Faites la gelée des pommes de reinette, & lors qu'elle sera presque cuite, mettez des grains de grenade bien rouges que vous aurez mondez, & les faites vn peu boüillir, & les passez dans vn linge.

*Compote de marons.*

Faites rotir des marons à la braise, pelez-les & les applatissez, & puis les mettez dans vn plat d'argent auec du syrop d'abricots ou autre, vn peu de vin d'Espagne, faites-les boüillir lorsque vous les voudrez seruir, mettez vne assiette dessus, & les renuersez comme vn fromage.

*Compote de Citron.*

Ostez la peau des citrons, & les coupez par rouëlles, ostez les pepins, faites-les boüillir vn boüillon dans de l'eau, tirez les & les mettez dans l'eau fraische, faites cuire du sucre à perle grosse, égoutés-les & les mettez dedans boüillir iusqu'à ce que le syrop soit cuit en gelée, & les dressez sur vne assiette.

*Compote d'orange.*

Faites la comme celle de citron, mais ne la faites point cuire à l'eau.

*Compote de chair de citron.*

Pelez les citrons, leuez la chair par tranches, mettez-la à mesure dans l'eau fraische, faites boüillir de l'eau, & faites boüillir vostre chair de citron dedans, remettez la dans l'eau fraische, faites cuire du sucre à perle, mettez la chair de citron dedans iusqu'à ce que le syrop soit cuit à perle grosse, dressez-la sur vne assiette, mettez du jus de citron en seruant.

La compote de chair d'orange se fait de mesme.

*Compote de poires.*

Pelez des poires, faites-les cuire à grand feu & grand eau, estant cuites mettés les dans de l'eau fraische, faites-les esgouter & les confisez auec l'eau, & les sucrez, mettez du jus de citron en seruant.

### *Autre compote.*

Pelez des poires de cuiſſe-madame, ou d'autres poires, & les mettez dans vn pot de terre auec de l'eau, du ſucre, & vn peu de vin & de canelle, laiſſez-les boüillir iuſqu'à ce qu'il n'y aye plus guere de ſyrop.

### *Compote de poires au ius d'orange.*

Faites cuire de groſſes poires à la braiſe ou à la cloche, pelez-les ou les fendez par quartiers, oſtez le cœur & les faites boüillir auec du ſucre & vn peu d'eau, lorsque le ſyrop ſera tout conſommé, mettez-y du jus d'oranges & les tirez.

### *Compote d'eſpine-vinette.*

Oſtez les queuës & les pepins de l'eſpine-vinette, faites la boüillir auec de l'eau & du ſucre, faites cuire le ſyrop à perle, & la tirez.

### *Marons au ſec.*

Faites cuire des marons à la braiſe & les pelez, faites cuire du ſucre à la plume & l'oſtez du feu, mettez les marons dedans & les remuez, tirez les lorſque le ſucre commencera à froidir, mettez les ſur la paille.

### *Marons glassez.*

Faites vne glace auec de l'eau de fleur d'orange & du sucre, comme il est dit au glacé de massepain, faites cuire des marons à la braise & les pelés, & les applatissez, glacez-les d'vn costé, & les faites cuire auec le dessus du four, puis les retournez de l'autre costé & les glacez, & faites cuire de mesme.

Brugnolles glacées, cerises & péches, se font de mesme les marons.

### *Abricots glassez.*

Prenez des abricots confits secs, & les glacez de mesme les marons.

### *Pistaches au sec.*

Mondez les pistaches dans l'eau chaude, puis les mettez dans l'eau fraische, faites-les égouter & secher, & les tirez au sec comme les marons.

### *Gelée de Coings.*

Coupez les coings par morceaux, & les faites bien boüillir dans de l'eau, passés-les dans vn linge & les pressés bien, prenés la decoction qui en sort, & mettés à vne pinte vne liure de sucre, faites-la cuire à petit feu & la tenez couuerte, lors qu'elle sera cuite tirés-la &

la dressez.

*Cotignac clair.*

Faites la de mesme celle de coings, & la mettez dans des boëtes de sapin : vous pouuez y mettre vn peu de cochenille pour la rendre plus rouge.

*Cotignac espais.*

Pelez des coings bien murs, coupés-les par morceaux, faites les bien cuire dans de l'eau, & puis apres les passez dans vne passoire bien deliée, prenez ce qui sera passé, faites cuire du sucre à perle auec de l'eau dans laquelle auront cuit les coings, faites les boüillir à petit feu iusqu'à ce qu'ils soient cuits en gelée, & les serrez dans des boëtes de sapin: Il faut à vne liure de marmelade vne liure de sucre.

*Marmelade de Coings.*

Faites la de mesme le cotignac espais, mais ne la faites pas tant cuire, & la mettez dans des pots de fayance ou de terre, & la couurez de papier lors qu'elle sera froide.

*Marmelade de pommes.*

Elle se fait de mesme celle des coings.

### *Cotignac de pommes.*

Faites le comme celuy de coings, faites le cuire à grand feu, & ne les couurez point.

---

## Confitures liquides.

## CHAPITRE XI.

### *Abricots verts.*

PElez les abricots & les mettez à mesure dans de l'eau fraiſche, faites tiedir de l'eau & les mettez dedans, mettés y vn peu de vinaigre & les tenez couuerts, faites les boüillir iuſqu'à ce qu'ils ſoient verts, oſtés les du feu & les laiſſez refroidir dans l'eau, tirés les & les mettez dans l'eau fraiſche, faites cuire du ſucre à perle, eſgoutez les abricots & les mettez dedans, faites les cuire à grand feu iuſqu'à ce que le ſyrop ſoit cuit à perle groſſe, tirés les, ſi c'eſt pour garder ne faites pas tant cuire le ſucre auant que de les y mettre.

### *Amendes.*

Faites cuire de la cendre ou de la grauelée auec de l'eau, mettés les amandes dedans, & les y laissés iusqu'à ce qu'elles se pelent sous le poulce, ostés-les de l'eau, pelés-les auec les doigts, & les mettés dans de l'eau fraische, & les confisés comme les abricots.

### *Groscilles vertes.*

Ostés la fleur, la queuë & les grains de dedans, & les faites cuire & confire comme les abricots.

### *Cerises à noyaux.*

Prenés des cerises bien mures, & ostés la queuë, faites cuire du sucre à la plume, mettés les cerises dedans & les faites boüillir à grand feu vn quart d'heure, ostés-les de dessus le feu, & les laissés refroidir, remettés-les sur le feu, & les faites cuire iusqu'à ce que le syrop soit cuit à perle grosse, & les tirés.

### *Framboises.*

Prenés des framboises, qu'elles ne soient pas trop mures, ostés la queuë & les mettés dans vne terrine, faites cuire du sucre à la plume, & les mettez sur les framboiſes, mettés-les dans vne étuue ou lieu ſec vn demy iour, faites-les boüillir à feu mediocre, iuſqu'à ce que le ſyrop ſoit cuit à perle.

*Groſeilles rouges.*

Oſtez les queuës des groſeilles, faites cuire du ſucre à la plume, & mettez les groſeilles dedans apres les auoir écumées, laiſſez-les refroidir & les acheuez de cuire, faites que le ſyrop ſoit cuit à perle.

*Abricots auec le noyau & la peau.*

Prenez les abricots lors qu'ils commencent à meurir, oſtez la queuë & les percez par endroits auec vn couteau, faites tiedir de l'eau, mettez les abricots dedans, ne les faites pas boüillir, tirez-les à meſure qu'ils mouſſeront ſur l'eau, & les mettez dans l'eau fraiſche & les égoutez, & faites cuire du ſucre à perle, mettez les abricots dedans, laiſſez-les boüillir demy quart d'heure, oſtez-les du feu & les laiſſez refroidir, & les acheuez à grand feu, faites cuire le ſyrop à perle groſſe.

*Mures.*

Prenez des mures vn peu rouges,

ostez la queuë, faites cuire du sucre à la plume, mettez les mures dédans apres les auoir escumées, laissés les refroidir & les faites boüillir iusqu'à ce que le syrop soit cuit à perle.

*Abricots sans noyau.*

Ostez les noyaux des abricots & les piquez, puis les confisez comme les autres.

*Abricots sans peau.*

Pelez les abricots le plus delicatement que vous pourrez, & les mettez à mesure dans l'eau fraische, faites les blanchir à l'eau, & les confisez comme les autres.

*Prunes Imperiales.*

Prenez les prunes lorsqu'elles commencent à meurir, faites chauffer dé l'eau, mettez les prunes dedans apres les auoir piquées auec la pointe d'vn couteau, mettés y vn peu de vinaigre, & les tenez couuertes, faites bien chauffer l'eau, mais ne la faites pas boüillir, lors qu'elles commenceront à verdir ostés les du feu, & les laissez refroidir dans leur eau, tenés les couuertes estant froides, tirés les & les mettez dans de l'eau froide, faites cuire du sucre à la plume, esgoutez les prunes & les mettez dedans, faites les cuire à grand feu, & apres les auoir escumées ostés les du feu, & les laißez froidir, acheuez de les faire boüillir à grand feu jusqu'à ce que le syrop soit cuit à perle grosse, tirés les & les serrez.

*Imperiales sans peau.*

Pelez les Imperiales le plus delicatement que vous pourrez, mettés les à mesure dans l'eau fraische, & les faites cuire & confire de mesme les autres.

*De perdrigon blanc.*

Prenés le perdrigon blanc vn peu verte, & les faites verdir & confire de mesme les imperiales.

*Perdrigon sans peau.*

Pelez les prunes, & les mettez à mesure dans l'eau fraische, faites les verdir & confire de mesme les autres.

*Perdrigon rouge.*

Faites les cuire à l'eau boüillante, & les tirez à mesure qu'elles cuiront & les mettez dans de l'eau fraische, faites cuire du sucre à la plume, & mettez les prunes dedans apres les auoir esgoutées, faites-les cuire a feu mediocre, laissez-les froidir apres les auoir escumées, acheuez-les au mesme feu, & faites cuire le syrop à perle & les tirez.

*Prunes de damas rouge.*

Elles se confisent de mesme le perdrigon. Toutes sortes de prunes se peuuent confire en l'vne de ces deux sortes. Celles qui se doiuent verdir de mesme les imperiales: & celles qui se doiuent rougir de mesme le perdrigon rouge. Les blanches se peuuent faire aussi de mesme le perdrigon rouge, mais faites-les cuire dans le sucre à grand feu.

*Poires de rousselet.*

Prenez des poires de rousselet bien mures, faites-les cuire à grande eau, estant cuites mettez-les dans de l'eau fraische, pelez-les bien delicatement, & les remettez dans de l'eau fraische, faites cuire du sucre à lisse, & mettez les poires dedans, faites les cuire à feu mediocre : Vous y pouuez mettre du clou de girofle & de l'écorce d'orange seiche, laissés les refroidir & les acheuez de mesme, faites cuire le syrop à perle, & les tirez.

*Poires*

### *Poires muſcadelles.*

Faites les cuire de meſme le rouſſelet, mais faites les cuire à grand feu, & n'y mettez point de clous ny d'orange. Toutes ſortes de poires ſe peuuent confire de la meſme façon : Les blanches faites les cuire à grand feu.

### *Noix blanches.*

Prenez des noix vertes bien tendres, & les pelez juſqu'au blanc, & qu'il n'y demeure point de vert, mettez les à meſure dans l'eau fraiſche, faites les cuire à grand feu & grande eau apres les auoir percées de trauers auec vne lardoire, laiſſez les boüillir juſqu'à ce qu'en les picquant auec vne eſpingle elles n'y tiennent point, tirés les & les mettez dans l'eau fraiſche & les picquez de canelle, de clous de girofle ou d'eſcorce de citron confite, faites cuire du ſucre à liſſe & les mettez dedans, faites les cuire à grand feu, laiſſez les refroidir & les acheuez de cuire, faites le ſyrop à perle, & les tirés.

### *Noix vertes.*

Prenez des noix vertes bien tendres, pelez les & les percés, faites les cuire

& confire comme les autres.

*Auant péches.*

Faites-les boüillir dans de l'eau iusqu'à ce que la peau commence à se leuer, tirez-les alors & les mettez dans de l'eau fraische, puis leuez la peau & les mettez égouter, faites cuire aussi du sucre à perle, & mettez le fruict dedans, faites-les cuire à grand feu, puis les laissez refroidir, & les acheuez de faire cuire iusqu'à ce que le syrop soit cuit à perle grosse, puis vous les tirerez.

*Alberges.*

Prenez des alberges & les mettez dans l'eau fraische, faites cuire du sucre à perle, faites-les égouter & les mettez dedans lorsque le syrop sera presque cuit à perle, ostez-les du feu, mettez-les dans vne terrine & les laissez reposer vingt-quatre heures, remettez-les sur le feu, & faites cuire le syrop à perle grosse & les tirez.

On peut confire de la mesme façon les mirlicotons, les mirabolans, & toutes les pauies ou péches dont le noyau tient à la chair. Si vous en confisez, il les faut recuire de deux mois en deux mois, ou lorſque le ſyrop commence à ſe décuire.

### *Péches de Corbeil.*

Prenez des péches vn peu vertes & les pelez, & oſtez les noyaux, mettez le fruict dans de l'eau fraiſche, faites-les verdir à l'eau comme les prunes imperiales, & les confiſez de la meſme façon.

### *Muſcat.*

Prenez le muſcat lorſqu'il commence à meurir, oſtez les pepins, faites cuire du ſucre à la plume & y mettez le muſcat, couurez-le & le laiſſez repoſer, eſtant froid remettez-le ſur le feu mediocre, faites cuire le ſucre à perle, puis tirez les confitures.

Le muſcat ſans peau ſe fait de meſme l'autre.

### *Verjus.*

Prenez le verjus lorſqu'il commence à meurir, oſtez les pepins, mettez-le à meſure dans l'eau fraiſche, faites chauffer de l'eau & mettez le verjus dedans, tenez le couuert & le laiſſez cuire à petit feu iuſqu'a ce que le verjus ait repris ſa verdeur, oſtez-le du feu & le laiſſez refroidir, & le tirés, & le mettrés dans l'eau fraiſche, faites cuire le ſucre à la plume, eſgoutez le verjus & le mettez dedans, faites le cuire à grand feu, & que le ſyrop ſoit cuit à perle & le tirés.

*Coins.*

Prenés des coins bien murs & les pelés, fendés les par quartiers, & ayant oſté le cœur mettez le fruict dans de l'eau fraiſche, faites boüillir de l'eau & y mettez les coins, tirés les lors qu'ils ſeront vn peu molets, & les remettez dans l'eau fraiſche, faites cuire du ſucre à liſſe, & ayant fait eſgouter les coins, mettés les dedans le ſucre, tenés les couuerts & les faites cuire à petit feu, vous pouués y mettre vn peu de canelle, faites cuire le ſyrop en gelee, puis il faudra tirer la confiture.

---

## Confitures ſeiches.

### CHAPITRE XII.

*Gorge d'Ange.*

PRenés des letuës romaines montées, oſtés la feüille & la peau bien delicatement, & les mettez à mesure dans de l'eau fraische, faites boüillir de l'eau & les mettez dedans, faites les iusqu'à ce qu'en les picquant auec vne espingle elle ne les puisse enleuer, tires les & les mettez dans l'eau fraische, puis les tirez & les esgoutez, & les mettez dans vne terrine de leur longueur, faites cuire du sucre à perle & le versez par dessus, mettés les deux iours à l'étuue, apres versez le syrop doucement dans vne bassine & les faites recuire à perle & le renuersez sur les letuës, & les remettez deux iours à l'étuue, mettés les dans la bassine auec le syrop, faites les boüillir iusqu'a ce que le syrop soit cuit à perle, mettés les dans des pots de grais & les serrez, & lorsque vous en aurez affaire tirés les & les faites secher à l'étuue. On confit de la mesme façon les brocolis de choux, & les branches de sureau.

*Abricots verts au sec.*

Faites les de mesme les liquides, & apres auoir demeuré huit iours dans le syrop, tirés les & les esgoutez, & les dressez sur des feüilles de fer blanc ou des ardoiſes, ayez ſoin de les retourner, & les faites ſeicher à l'étuue. On confit de la meſme façon les amandes vertes.

*Groſeilles vertes.*

Oſtez les grains de dedans, & les faites de meſme les abricots verts.

*Noix blanches.*

Faites-les de meſme les liquides, & lors que vous en aurez affaire, faites-les égouter & ſeicher, & les tirez ſur des feüilles de fer blanc ou ardoiſes.

*Ceriſes à noyaux.*

Prenez des ceriſes bien meures, laiſſez les queuës, faites-les boüillir vingt boüillons auec vn peu d'eau, égoutez-les & faites cuire du ſucre à la plume, & mettez les ceriſes dedans, faites-les boüillir demy quart d'heure, mettez-les dedans vne terrine & les y laiſſez huict iours, apres remettez-les dans la baſſine, & faites cuire le ſyrop à perle menu, remettez-les dans la terrine, & eſtant froides faites-les égoûter & les dreſſez ſur des ardoiſes, & les faites ſeicher à l'étuue, & ayez ſoin de les retourner.

*Cerises à oreilles.*

Ostez la queuë & les noyaux des cerises, & les confisez de mesme celles à noyaux, & les faites seicher à l'étuue.

*Abricots à oreilles.*

Prenez des abricots lors qu'ils commencent à meurir, ostez les noyaux, & ayant pelé les abricots bien delicatement, mettez-les à mesure dans l'eau fraische, puis faites tiedir de l'eau & les mettez dedans, tirez-les à mesure qu'ils monteront sur l'eau, & les remettez dans l'eau fraische, égoutez-les, puis les mettez dans vne terrine, & ayant fait cuire du sucre à perle menu, versez-le sur les abricots, & les laissez reposer vn iour, puis versez le syrop bien doucement dans vne bassine, & le faites recuire à perle, & le renuersez ensuite sur les abricots; continuez à faire recuire le syrop cinq ou six fois, & lors que les abricots auront assez pris de sucre, laissez-les reposer huict iours, & les faites égouter & seicher à l'estuue, ayez soin de les retourner souuent, & les changer de feüilles, iusqu'a ce qu'elles soient seiches.

### *Abricots à noyaux.*

Ostez les noyaux des abricots & les confisez comme les autres.

### *Péches de Corbeil.*

Prenez les péches vn peu vertes, pelés les & ostez les noyaux & les confisez, & tirés les comme les prunes imperiales.

### *Prunes Imperiales.*

Prenez les prunes vn peu vertes, lors qu'elles commencent à meurir, percez-les à trois ou quatre endroits auec vn couteau, faites chauffer de l'eau & les mettez dedans, faites les cuire sans les faire boüillir, mettez vn peu de vinaigre dedans & les couurez, laissez les iusqu'a ce qu'elles commencent à verdir, ostés les du feu & les laissez refroidir dans leur eau, & les tirez & les mettez dans l'eau fraische, esgoutés les & les mettez dans vne terrine, & les acheuez comme les abricots.

### *Imperiales sans peaux.*

Pelez les prunes & les mettez à mesure dans de l'eau fraische, & les acheuez de mesme les autres.

### *Prunes de Lileuert & de Perdrigon.*

Elles se font de mesme les Imperiales.

### *Poires de Blanquette.*

Prenez des poires de blanquette bien meures, faites-les cuire à grande eau & grand feu, tirés-les lors qu'elles commenceront à mollir, & les mettez dans de l'eau fraiſche, pelez-les & les mettez à meſure dans d'autre eau fraiſche, eſgoutez-les & les mettez dans vne terrine, faites cuire du ſucre à liſſe & le verſez ſur les poires, laiſſez-les repoſer vn iour, & verſez le ſyrop dans vne baſſine & le faites cuire à perle, continuez à recuire le ſyrop huit iours la derniere fois, mettez les poires auec le ſyrop, & faites cuire le ſyrop à perle, remettez-les dans la terrine & les y laiſſez huit iours, faites les égouter de leur ſyrop & les dreſſez, & les faites ſecher à l'étuue.

On confit de la meſme façon les poires de Muſcat & de Rouſſelet.

### *Poires par quartiers.*

Faites les cuire à l'eau & les mettez dans l'eau fraiſche, pelez-les & les fendez par quartiers, oſtez les cœurs & les confiſez de meſme la blanquette.

### *Muſcat.*

Prenez le muſcat lors qu'il commence à meurir, oſtez les pepins & mettez le fruict dans vne terrine, faites cuire du ſucre à perle & le verſez ſur les muſcats, & les acheuez comme les abricots.

### *Muſcat ſans peaux.*

Oſtez les peaux & les pepins, & les confiſez comme les precedents.

### *Verjus.*

Faites verdir le verjus à l'eau comme les liquides, & les confiſez comme le muſcat ſec.

### *Coings.*

Prenez des coings bien murs, fendez-les par quartiers, pelez-les & oſtez les cœurs, faites-les cuire à grande eau & les tirez à meſure qu'ils ſeront cuits, & les mettez dans de l'eau fraiſche, faites-les égouter & les mettez dans vne terrine, & les acheuez comme les poires de blanquette.

### *Pommes par quartiers.*

Prenez des pommes de reinette & les coupez par quartiers, pelez-les & oſtez les cœurs, faites-les cuire à l'eau, mettez-les dans de l'eau fraiſche, les égoutez & les mettez dans vne terrine, & les confiſez comme les poires blanquettes.

## Les paſtes de fruicts & de fleurs.

### CHAPITRE XIII.

### *Paſte de pommes.*

PRenez des pommes de reinette, les pelez & oſtez les cœurs, & les faites cuire à l'eau, faites-les égoutter, paſſez les dans vne paſſoire ou tamis, prenez la marmelade qui en ſort, faites-la ſeicher dans vn poëſlon ſur le feu, remuez-la touſiours crainte qu'elle ne bruſle lors qu'elle eſt bien ſeiche & ne tient plus au poëſlon, mettez y du ſucre en poudre & la remuez encore vn peu, & la tirez & la dreſſez ſur des feüilles de fer blanc ou ardoiſes, & la faites ſeicher à l'eſtuue, & lors qu'elle ſera ſeiche d'vn coſté retournez-la de l'autre en la leuant auec vn couteau,

& la remettez sur d'autres feüilles, & la faites seicher, estant seiche tirez-la & la mettez dans des boëtes de sapin auec du papier.

*Paste d'Abricots.*

Prenez les abricots ostez les noyaux, faites-les cuire à l'eau & les passez à la passoire ou tamis de crain, prenez la marmelade & la faites de mesme celle de pommes.

*De Cerises.*

Prenez des cerises bien meures, ostez les queuës & les noyaux, faites-les boüillir vingt boüillons, tirez les & les égoutez, passez-les comme les pommes.

*De Framboise & de Groisseille rouge.*

Elle se fait comme celles des pommes.

*Paste de Péche.*

Prenez des péches vn peu vertes, ostez la peau & les noyaux, faites-les cuire à l'eau, & les passez, & les faites comme celles de pommes.

*Paste de Muscat.*

Prenez le muscat vn peu vert, ostez les pepins & le passez à la passoire, prenez la marmelade, & faites la paste de mesme celles de pommes.

*Paste de Verjus.*

Ostez les pepins du verjus & les faites verdir à l'eau comme pour les confire liquide, faites-les égouter & les passez, & les faites comme celles de pommes.

*Paste de Coings.*

Prenez des coings bien murs, pelez-les & les fendez par quartiers, ostez les cœurs & les faites cuire dans de l'eau, les égoutez & passez, & les acheuez comme celles de pommes.

## Paste contrefaite.

*Paste de Cerises, Framboises, Groseilles.*

Prenez de la marmelade de pommes, & luy donnez la couleur rouge auec la cochenille preparee ou le sinabre, & faites la paste comme celles de pommes.

*Paste d'Abricots contrefaits.*

Prenez de la marmelade de pommes & luy donnez la couleur jaune auec les fleurs de lys preparées.

### *Paste de Prunes.*

Prenez de la marmelade de pommes, & luy donnez la couleur verte auec des feüilles de poirée preparées, faites la paste de mesme celles de pommes.

### *Paste de Violette.*

Mondez des feüilles de violette de leurs boutons, pilez-les dans vn mortier, prenez de la marmelade de pommes, & meslez les violettes parmy, faites la paste de mesme celles de pommes.

Vous pouuez faire des pastes de toutes sortes de fleurs de la mesme façon.

### *Paste de Gennes.*

Prenez des coins bien murs, faites-les boüillir entiers, estant cuits tirez-les & les mettez dans de l'eau fraische, pelez-les, prenez la chair des coins & la passez dans vne passoire, prenez la marmelade, faites cuire du sucre à soufflé, & l'ayant osté du feu mettez la marmelade dedans, & la remuez bien auec l'espatule ou culliere, mettez-la dans vne terrine & la laissez refroidir & la dressez, mettez le moule de fer blanc de la figure que vous voulez faire sur vne ardoise, mettez de la paste dedans, & l'emplissez bien , leuez le moule, faites la paste bien vnie , cizelés-la par dessus ou y faites des ramages , faites-la seicher à l'estuue ; estant seiche d'vn costé retournez-la & la changez d'ardoise , & la seichez de l'autre , & lors que vous voudrez vous en seruir prenez de l'or en feüille & le coupez par morceaux , dorez vostre paste par endroits , moüillez vn peu l'endroit que vous voudrez dorer & mettre l'or dessus.

---

## Maniere de candir les frnicts, & les fleurs.

### CHAPITRE XIV.

### *Oranges Candies.*

PRenez des oranges confites seiches, faites cuire du sucre à perle & presque à la plume , & le mettez dans vne chaterrine , attachez vne espingle à chaque orange, & attachez vn bout de fil à l'épingle, & attachez le fil à des bastons que vous mettrez au dedans de la terrine, mettez les oranges dedans en sorte qu'elles trempent toutes & qu'elles ne touchent point au fond ny au bord ny les vnes aux autres, mettez les à l'estuue, & les y laissez quatre ou cinq iours, puis les tirez.

### *Abricots candis.*

Prenez des abricots confits secs, & les attachez, & les faites candir de mesme les oranges.

### *Fenoüil Candi.*

Prenez des bouquets de fenoüil secs, attachez-les par la queuë & les candissez de mesme les oranges. Vous pouuez candir toutes sortes de fruicts de mesme.

### *Violette candie.*

Mettez les violettes auec leurs queuës dans vne terrine, faites cuire du sucre à perle, & presque à la plume, mettez-le sur les violettes lors qu'il sera froid, mettez-les en lieu sec, les couurez & les laissez huict iours, & les tirez & les mettez secher sur de la paille, ne les mettez point à l'estuue.

Fleurs

### *Fleurs d'Orange candie.*

Prenez la fleur d'orange en bouton & la candissez de mesme la violete.

### *Fleurs de Bouroche Candie.*

Faites-la candir de mesme la violete. Vous pouuez candir toutes sortes de fleurs de la mesme façon, excepté la Roze.

### *Boutons de Roze Candie.*

Prenez des boutons de roze, faites-les boüillir vne douzaine de boüillons dans de l'eau fraische, faites-les bien égouter, & les faites candir de mesme les oranges.

---

## CHAPITRE XV.

### *Maniere de faire les Dragées.*

IL faut remarquer que pour faire des dragées il y a deux cuissons de sucre differentes; l'vne est nommée à perle, l'autre à lisse, comme ils sont expliquez dans les cuissons du sucre au Traicté des Confitures; c'est pourquoy on dit dragées perlées, & dragées lissées.

Il faut pour toutes ſortes de dragées auoir vne grande baſſine de cuiure rouge a[illegible]c deux ances & plate par le fond, ou d'argent, ſouſtenuë en l'air auec deux cordes à la hauteur de la ceinture ou enuiron, ſous laquelle vous mettrés vn rechaud ou vne terrine auec du feu mediocre pour faire les dragées perlées.

Il faut auoir vn outil de cuiure rouge en façon d'entonoir, & que le goulot ſoit de la groſſeur d'vn ferret d'éguillette, lequel vous ſuſpendrés en l'air au deſſus du milieu de la baſſine, dans lequel vous mettrés le ſyrop lors que vous en aurez affaire.

### *Amandes perlées.*

Prenez des amandes douces bien entieres, & les nettoyez-bien de leur pouſſiere & ordure, mettez-les dans la baſſine, deſſechez-les vn peu ſur le feu, mettez du ſyrop dans l'entonnoir auec ſoing de bien remuer la baſſine & faire tourner les dragées dedans afin qu'elles prennent toutes du ſucre également, vous les pouuez auſſi quelquesfois remuer auec la main, & les ſeparer l'vne de l'autre, s'il y en a qui se tiennent, arrestés quelquesfois le syrop, & les laissés vn peu reposer & secher; Vous les pouués rendre si grosses & si couuertes de sucre que vous voudrés en continuant tousiours de mesme.

### *Amandes lissées.*

Mettés bien les amandes & les desseches à la bassine, prenés du syrop cuit à lisse auec vne cuiliere enuiron demy septier à la fois & le versés dans la bassine, & les remués souuent auec la main, laissés-les reposer quelquesfois; Vous pouués les couurir de sucre tant que vous voudrés, en continuant tousiours de mesme.

### *Pistache lissée.*

Prenés des pistaches cassées & bien épluchées, mettés-les dans la bassine, & y mettés du sucre cuit à lisse en mesme temps, & les faites comme les amandes lissées. Vous pouués en faire aussi de perlées en les faisant de mesme les dragées perlées, mais il ne faut pas les dessecher dans la bassine, il faut laisser couler le sucre en mesme temps.

### *Canellas de Milan.*

Prenez de bonne canelle nouuelle, & la coupez par petits morceaux comme des lardons, mettez les dans la bassine, & mettez du sucre cuit à perle dans l'entonnoir, & les faites comme les amandes perlées.

### *Orange perlée.*

Prenez des oranges bonnes à confire, ostez l'écorce de dessus bien mince, coupez l'orange en quatre, ostez le dedans, coupez-la par petits morceaux comme des lardons, faites-les cuire dans l'eau & les confisez au sec, tirez-les sur de la paille, & que tous les morceaux soient separez, & les mettez dans la bassine, & les faites comme les amendes perlées.

### *Pois sucrez ou Anis de Verdun.*

Prenez de bon Anis bien doux, nettoyez-le bien & ostez toutes les queuës, & lors qu'il sera bien nettoyé mettez-le dans la bassine & le dessechez vn peu, & acheuez l'anis de mesme les amandes lissées. Et si en desirez faire de plus gros il n'y a qu'à les grossir.

### Coriandes perlées.

Prenez de la coriande nouuelle & l'épluchez & la nettoyez bien, & la mettez dans la baſſine, faites-les de meſme les amandes perlées.

### Fenoüil en dragée.

Prenez de la graine de fenoüil verte bien douce, & les faites de meſme l'anis de Verdun.

### Abricots en dragées liſſées.

Prenez des abricots confits ſecs, ou de la paſte d'abricots, pilez-la dans vn mortier auec vn peu d'eau de fleur d'orange, faites-la par petites boulles comme vn poix, & l'aplatiſſez auec les doigts comme vne nantille, laiſſez-la vn peu ſecher, & en faites des dragées comme les amandes liſſées.

### Dragée de chair de Citron.

Prenez de la chair de citron tirée au ſec, & en faites des dragées de meſme celle d'abricots; vous pouuez ambrer & muſquer les paſtes en les pilant au mortier.

### Graine de Melon.

Lors que les melons ſont bons, il faut ſerrer la graine des meilleurs & les tenir en lieu sec, & lorsque vous voudrés faire des dragées, il la faut bien dessecher dans la bassine, & faire les dragées auec le syrop cuit à lisse de mesme les amandes lissées.

### *Graine de Concombres.*

Dans la saison des Concombres il en faut serrer la graine & la tenir en lieu sec, lors que vous voudrés faire les dragées il faut oster l'écorce de dessus & prendre l'amende de dedans, & faire les dragées de mesme celle de Melon, mais il ne faut pas les faire dessecher dans la bassine.

### *Graine de Citroüille.*

Les dragées de citroüille se font aussi de mesme celle de concombres: On peut faire aussi des dragées de toutes sortes de fruicts ou paste de fruicts de la mesme façon.

Vous pouués ambrer & musquer toutes les dragées, en mettant le musc & l'ambre preparé dans la bassine à la derniere couche que vous leur donnerez auec le sucre.

## Maniere de faire toute ſorte de Machepain.

### Chapitre XVI.

### *Machepain Commun.*

LEs machepains & les biſcuits ſont décrits dans le paſtiſſier François. Mondés les amendes douces auec de l'eau chaude, & les mettes dans de l'eau fraiſche, faites-les bien égouter, pilés-les dans vn mortier auec vn pilon de bois, ayés ſoing de les arrouſer bien ſouuent auec de l'eau commune ou de fleurs d'oranges, ou autres, afin que la paſte ne ſente point l'huile, eſtant bien pilés en ſorte qu'il ne reſte rien de rude à la paſte, faites cuire du ſucre à la plume, & mettés vos amandes dedans, delayés-les bien & les faites ſecher ſur le feu mediocre, ayés ſoing de les bien remuer auec l'épatule crainte qu'elles ne ſe brûlent au fond, & lors qu'ils commenceront à ſecher, & ne plus tenir au poëslon, tirez-les: Vous les pouuez seruir chaud, ou le dressez de telle façon que voudrez, il se peut seruir aussi froid; si vostre paste est trop seche rebattez-la dans le mortier auec du blanc d'œuf, & la rendez si molle que vous voudrez: vostre machepain estant dressé faites-le cuire dans le four auec feu mediocre dessus & dessous, cette paste vous peut seruir à plusieurs sortes de machepains. Il faut à vne liure d'amande trois quarterons de sucre.

### *Machepain Royal.*

Prenez de cette paste de machepain & la dressez par anneaux, mettez des blancs d'œufs dans vn plat & trempez vos anneaux dedans, puis les mettez dans du sucre en poudre & les poudrez bien, & les mettez sur du papier, faites-les cuire à grand feu dessus & mediocre dessous, ne les leuez point de dessus le papier qu'ils ne soient froids.

### *Machepain Royal rond.*

Il se fait comme le precedent, mais il faut mettre dans chaque anneau gros comme vne noisette de paste, & qu'elle soit faite auec des blancs d'œufs & du ſucre en poudre, & la remuez bien auec vne cuiliere petit à petit iuſqu'à ce qu'elle ſoit vn peu maniable, ayez ſoing de la bien remuer.

*Machepain glacé.*

Prenés de la paſte de machepain commun & la dreſſés par anneaux, ou de telle façon que voudrés, faites vne glace auec de l'eau de fleurs d'orange & du ſucre en poudre, prenés de l'eau de fleurs d'orange, mettés du ſucre dedans, delayés-le bien iuſqu'à ce que la glace ſoit vn peu eſpaiſſe, trempés voſtre machepain dedans d'vn coſté, & le mettés ſur du papier, & le faites cuire auec le deſſus du four, & le feu mediocre, eſtant cuit laiſſés-le refroidir & le trempés du coſté qu'il n'eſt pas glaſſé, & le faites cuire comme auparauant.

*Tarte de Machepain.*

Prenés de la paſte de machepain commun & la dreſſés en tarte de la grandeur que vous voudrés, faites-la ſecher dans le four, mettés dedans de la glace que vous aurés faites auec de l'eau de fleurs d'orange, & la faites cuire auec le deſſus du four & le feu mediocre.

### *Glace pour les Tartes de Machepain.*

Prenés vn blanc d'œuf, mettes du ſucre dedans en poudre & le delayés bien, mettés-y vn peu de jus de citron, & mettés du ſucre iuſqu'à ce que la glace ſoit vn peu épaiſſe : On ſe peut auſſi ſeruir de la glace faite auec l'eau de fleurs d'orange & ſucre.

### *Tarte de Marmelade de fleurs d'orange.*

Prenés de la paſtè de machepain, dreſſés vos tartes de la grandeur que vous voudrés, faites-les cuire au four par deſſous & non pas deſſus, empliſſés-les de marmelade de fleurs d'orange, & les glacez par deſſus, faites cuire la glace auec le deſſus du four.

### *Tarte de marmelade d'Abricots.*

Elle ſe fait comme la precedente, ſinon qu'il y faut mettre de la marmelade d'Abricots : Vous en pouués faire de toutes ſortes de marmelades.

### *Machepain d'Abricots.*

Prenés des abricots ſecs ſans noyaux & les pilés dans le mortier auec de l'eau de fleurs d'orange, mettés-y du ſucre en poudre iusqu'à ce que la paste soit maniable, vous la pouuez dresser en telle façon que vous voudrez, & la faire cuire au four auec du feu dessus & dessous, & pouuez aussi en faire des tartes & abesses.

*Machepain de Cerises, de Pommes, Prunes & Pesches.*

Tous les machepains se peuuent glacer & faire cuire la glace auec le dessus du four, vous les pouuez aussi musquer & ambrer.

*Machepains d'Oranges & Citrons.*

Prenés des oranges confites & les pilés bien dans vn mortier, mettés-y deux fois autant de paste de machepain commun, pelez-les bien ensemble, & les dressez comme vous voudrez, & le faites cuire au four, vous le pouuez glacer.

*Machepain en forme de Biscuit.*

Prenez de la mesme paste & l'estendez auec vn rouleau, coupez-la de la forme d'vn biscuit & la façonnez d'vn costé auec vn cousteau, & la faites cuire auec le dessus du four; estant froide glacez-la de l'autre costé, & faites cuire la glace auec le dessus du four.

### *Machepain liquide.*

Pilés des amandes douces dans le mortier apres les auoir mondés, arrosés-les auec de l'eau de fleurs d'orange, estant bien pilés mettés-y vne fois autant de sucre en poudre, & de l'écosse de citron vert rapé, dressés-le en petit pain ou en forme de biscuit & le façonnés auec le couteau, & le faites cuire auec le dessus du four à petit feu, estant froid glacés-le de l'autre costé & la faites cuire de mesme.

### *Machepain frisé.*

Pilés des amandes mondées, estant bien pilées mettés-y vne liure d'amandes, trois blancs d'œufs & les pilés bien, mettés-y du sucre en poudre petit à petit iusqu'à ce que la paste soit maniable, passés-la à la seringue & la dressés en anneaux sur du papier, faites-le cuire auec le dessus du four à feu mediocre, estant froid retournés-le de l'autre costé: il le faut leuer chaud de dessus le papier.

### *Machepain souflé.*

Pilés vn quarteron d'amandes douces bien mondées, & l'arrosés d'eau de fleurs d'orange, estant bien pilés mettés-y six blancs d'œufs & les pilés derechef, mettés-y du sucre en poudre petit à petit iusqu'à ce que la paste soit maniable, passés-la à la seringue & la dressés en anneaux sur du papier, faites-le cuire au four : Il faut plus de feu dessus que dessous.

*Paste de Iasmin.*

Prenés des fleurs de iasmin, par exemple vne poignée, pilés-les au mortier auec vn peu de gomme adragan, mettés-y du sucre en poudre petit à petit iusqu'à ce que la paste soit maniable, il en faudra bien vne liure, vous la pouués seringuer ou filler, & la faire secher deuant le feu ou à l'estuue.

*Paste de fleurs d'orange.*

Elle se fait de mesme.

*Paste soufiée.*

Faites tremper de la gomme adragan auec de l'eau de fleurs d'orange, passés-la dans vn linge & la broyes bien dans vn mortier, mettés du sucre en poudre petit à petit iusqu'à ce que vous ayés fait vne paste bien maniable, pilés-la bien & l'estendés sur vne table auec le rouleau de l'épaiſſeur d'vn eſcu blanc, faites vne glace auec de l'eau de fleur d'orange & du ſucre en poudre & englacez voſtre paſte, coupez-la de telle façon que vous voudrez ſur du papier, & la faites cuire au four à feu mediocre deſſus & deſſous.

### *Coquillage de ſucre.*

De cette meſme paſte vous pouuez faire toutes ſortes de coquillage & abeſſe de ſucre, ne les glacez point & les faites cuire deuant le feu.

### *Pets de putain.*

Mettez des blancs d'œufs dans vn mortier & vn peu d'eau de fleur d'orange, broyez-les bien & mettez du ſucre en poudre petit à petit, faites vne paſte maniable & en faites des petites boules de la groſſeur d'vne noix & les mettez ſur du papier, faites-les cuire au four.

### *Pets de putain glacez.*

Faites des boules de la meſme paſte & les trempez dans des blancs d'œufs, puis les mettez dans du ſucre en poudre, tirez-les ſur du papier & les faites cuire au four.

### *Paste de Citron.*

Elle se fait de mesme paste que la precedente, en mettant dedans de la rapure de citron.

### *Muscadins.*

Prenez de la paste dont on fait les pets de putain, faites des boules comme des poix, mettez-les sur du papier, faites-les cuire au four à feu mediocre, & meslez du musc dans vostre paste.

### *Muscadins rouges.*

Rougissez vostre paste auec de la cochenille ou de santel rouge en poudre.

### *Muscadins verts.*

Verdissez vostre paste auec du jus de poirée.

# TABLE DU CONFITURIER.



F

*Fin de la Table du Confiturier.*

# LA MANIERE DE PLIER *toutes ſortes de linge de Table & en faire toutes ſortes de figures.*

POur bien plier le linge, il faut ſçauoir le bien pliſſer & friſer. Pliſſé & baſtonné, c'eſt étendre vne ſeruiette bien blanche, bien vnie & bien fermée ſur vne table bien nette, ou ſur vne carte bien vnie & blanche qui ne ſerue qu'à cela ; apres auoir eſtendu la ſeruiette deſſus il la faut prendre de trauers le long de l'ourlet & le pliſſer le plus bas & faire les plis plus petits que vous pourrez, preſſez-les le plus fort que vous pourrez auec les doigts les vns contre les autres ; cette façon s'appelle plié en baſton rompu, cette façon vous peut ſeruir à mettre ſur des couuerts, ou à lauer les mains.

Lorſque les plis ſeront bien joints & preſſez l'vn contre l'autre, vous la pouuez plier en cœur en la pliant par le milieu, & joindre les deux bouts enſemble vers le milieu enuiron de quatre doigts de long, puis roulez la ſeruiette vers la pointe qui fera le cœur: ou bien vous la pouuez plier en deux ou en trois, ou laiſſer tout de ſon long.

*Pour friſer vne ſeruiette.*

Lorſque vous aurez pliſſé la ſeruiette bien vnie & bien preſſée, il la faut friſer auec le bout des doigts le plus delié que l'on peut, en commençant par le milieu ou par l'vn des bouts iuſqu'à la fin: il faut auoir ſoin de bien preſſer les plis les vns contre les autres, & les tenir bien vnis. Cette façon vous peut ſeruir à faire pluſieurs ſortes de couuerts en la dreſſant ſur le pain en forme differente.

*Plié par bande.*

Prenez vne ſeruiette de trauers par l'ourler & la pliez enuiron de la largeur d'vn poulce, faites vn autre plis qui deborde l'ourlet encore d'vn poulce, faites encore vn plis de l'autre costé de la mesme largeur, & continuez tout le long de la seruiette tenant les plis les plus vnis que vous pourrez, en apres renuersez la seruiette auec la main, & la pliez en trois en amenant les deux bouts vers le milieu, puis la pliez par le milieu. Vous pouuez de cette façon faire plusieurs couuerts differents.

### *Plié en Melon.*

Prenez vne seruiette, & estant pliée par bandes, mais laissez aux deux bouts prés de demy pied sans plier, puis reprenez la seruiette de trauers & la plissez bien menu, & en le mettant sur le pain, pliez les deux bouts qui n'auront point esté pliez par dessous le pain.

### *Melon frisé.*

Pliez la seruiette de mesme la precedente, & lors qu'elle sera plissée, reprenez tous les plis dedans l'vn apres l'autre auec la pointe d'vne épingle ou d'vne lardoire en les releuant en haut & la mettre de mesme l'autre sur le pain.

### Coquille double.

Prenez vne ſeruiette & la pliez de trauers en deux par le milieu, & pliez l'vn des coſtez par bandes, & laiſſez pour le moins ſix doigts au bout ſans plier, puis la retournez de l'autre coſté & la pliez de meſme, & prenez la ſeruiette de trauers & la pliſſez bien delié, preſſez bien les plis, ouurez les deux bouts de la ſeruiette qui ne ſont point pliez par bandes, mettés vn pain dedans, & renuerſez la ſeruiette de ſa hauteur ſur le pain, & que les deux bouts ſoient deſſous.

### Coquille double & friſée.

Pliez la ſeruiette par bandes & la pliſſez de meſme la precedente, & tirez les plis de dedans, de meſme que celle du melon friſé, & la dreſſez ſur l'aſſiete de meſme l'autre.

### Coquille ſimple.

Prenez vne ſeruiette en longueur, & pliez enuiron vn pied de la ſeruiette par deſſous, & pliez le reſte par bandes à ſix doigts prés de l'ourlet, & prenez la ſeruiette de trauers & la pliſſez bien delié, prenez vn pain & enfermez les deux bouts de la ſeruiette deſſous, & renuerſez la coquille ſur le pain : Vous la pouuez friſer de meſme l'autre.

*Pied de bœuf.*

Pliez vne ſeruiette en trois de ſa longueur, prenez les deux pointes & les amenez enſemble en faiſant vne pointe dans le milieu de la ſeruiette, retournez la ſeruiette, prenez les deux bouts & les ioignez enſemble dans le milieu en ſorte qu'il ſe faſſe deux pointes aux deux côtez de la ſeruiette, ioignez les deux pointes enſemble bien également, repliez la ſeruiette par le milieu, ouurez deux des bouts, mettez le pain dedans, & mettez les bouts ſous le pain, renuerſez la ſeruiette ſur le pain, & retirez vne des pointes de la ſeruiette ſur le bas de l'aſſiete.

*En Coq.*

Pliez vne ſeruiette en deux de trauers, que les deux ourlets ſoient joints enſemble, baſtonnez-la de trauers le plus bas que vous pourrez, & la friſez bien delié, ouurez la ſeruiette juſqu'à vn doigt prés du milieu, repreſſez les plis le plus que vous pourrez, mettez vn gros pain ſous le milieu de la ſeruiette en ſorte que l'areſte de la ſeruiette ſoit au milieu du pain par vn des bouts, où à l'areste vous tirerez la teste & le bec du coq laquelle vous éleuerez en haut, vous luy ferez la crete & barbe auec du drap ou serge rouge, & les yeux auec quelques graines rouges, lesquelles vous ferez tenir auec de la cire blanche, ou de la gomme adragan detrempée, de l'autre bout de l'areste vous en tirerez la queuë que vous éleuerez en haut des deux costez de la seruiette, vous en formerez les aisles que vous coucherez au long bien proprement.

*Le Faisan.*

Vous ferez le faisan de la mesme façon du coq, mais vous ne luy ferez point de crete, & vous luy marquerez la teste & le col auec des petites fleurs de couleurs auenantes, & les ferez tenir auec de la gomme adragan detrempée, & vous luy alongerez la queuë & les aisles plus qu'au coq, & les tiendrez plus droites.

*La Poule.*

Vous ferez la poule de mesme le coq, mais ne luy faites pas la crete si rouge ny si grande, ny la teste si releuée ; & la queuë plus en bas & plus large.

*Poule qui couue dans vn buiſſon.*

Vous plierez la ſeruiette de meſme celle du coq, vous mettrez dedans vn gros pain, & vous ferez le buiſſon auec les bords de la ſeruiette que vous tournerez en rond au tour du pain de la groſſeur du poing, & ferez ſortir des eſpines par endroits, & ferez paſſer la teſte & la queuë par deſſous le buiſſon.

*Poule auec ſes pouſſins.*

Vous plierez la ſeruiette de meſme celle du coq & la dreſſerez ſur vn pain, vous tirerez ſes petits des bords de la ſeruiette, & les ferez ſortir par deſſous ſes aiſles, ſon eſtomac & ſa queuë : Vous pouuez auſſi en faire quelqu'vn ſur ſon dos, ayez ſoin de bien former le bec & les yeux.

*Le Poulet.*

Le poulet ſe fait de meſme le coq, mais il faut mettre vn petit pain, & ne luy guere faire de crete, & la queuë peu leuee.

*Le Chapon.*

Le chapon ſe fait de meſme le coq,

mais il luy faut faire vne crete raze.

*Deux poulets dans vn pasté.*

Pliez vne seruiette de largeur en trois & la plissez de sa longueur, frisez-la le plus delié que vous pourrez, & apres ouurez les deux bouts à vn doigt prés des plis, vous mettrez sous chaque plis vn pain rond, & des bords de la seruiette vous formerez comme les bords d'vn pasté, par dessus lesquelles vous ferez sortir les testes des poulets des plis qui sont sur le pain.

*Quatre Perdrix.*

Pliez vne seruiette de sa largeur en quatre & la bastonnez de sa longueur, & la frisez bien menu, ouurez-la à vn doigt prés des plis, & mettez vn petit pain sous chaque ply & formez le bec, la queuë & les aisles d'vne perdrix au droit de l'areste de chaque pain.

*Vn Pigeon qui couue dans vn pannier.*

Pliez vne seruiette de mesme façon que celle du coq, ouurez-la & mettez vn pain sous les plis, faites la forme d'vn pannier des bords de la seruiette, tirez la teste & la queuë du pigeon au droit de l'areste par dessus le pannier, & les aisles à costé.

*Poulet-d'Inde.*

Pliez la seruiette du Poulet-d'Inde de mesme celle du coq, mettez vn gros pain dessous, éleuez la teste vn peu plus haute, & tenez le col gros, mettez vn morceau de taffetas rouge sur son bec, semez la teste & le col de petites fleurs de differentes couleurs ; vous pouuez faire la queuë en rond de mesme celle du Paon, mais il ne la faut pas tant éleuer.

*La Tortuë.*

Bastonnez vne seruiette de trauers & la frisez bien delié, mettez vn pain rond sous le milieu, tirés la teste du milieu d'vn des ourlets, & la queuë de l'autre ourlet, & tirez les quatre pieds des quatre coins de la seruiette.

*Le Chien auec vn collier.*

A vn pied d'vn des ourlets de la seruiette faites vne bande d'vn poulce de large, & bastonnez la seruiette de sa longueur & la frisez, excepté la bande que vous éleuerez en haut par plis de mesme la coquille frisée, de laquelle vous ferez le collier, mettez vn gros pain long sous le ventre, & vn à la reine dans la teste, que vous eleuerez vn peu en haut, & tirez les quatre pieds des quatre coins de la seruiette.

### *Cochon de laict.*

Pliez la seruiette de mesme celle du Chien, mais n'y faites point de bandes, faites la teste vn peu longue & l'abbaissez en bas, mettez vn pain vn peu gros dans la teste, & vn long sous le ventre.

### *Le Lievre.*

Bastonnez la seruiette de trauers & la frisez bien delié, mettez vn pain long sous la seruiette pour former le ventre, mettez vn petit pain pour former la teste, faites les quatre pieds des quatre coins de la seruiette, & le tenez le plus long que vous pourrez.

### *Deux Lapins.*

Pliez la seruiette de mesme celle du Lievre, mettez deux pains longs dessous, faites vne separation de la seruiette entre les deux pains, ne tenez pas les corps si longs que celuy du lievre, ny la teste si grosse : vous pouuez tourner vne teste d'vn costé & l'autre de l'autre.

*Le Herisson.*

Pliez vne ſeruiette par bandes de trauers, & que les bandes ſoient d'vn poulce de large, baſtonnez-la, & releuez tous les plis de meſme que la coquille friſée, mettez vn pain rond deſſous, faites voſtre ſeruiette bien en rond, tirez les quatre pieds des coins de la ſeruiette, & faites vne petite teſte.

*Le Brochet.*

Faites vne bande de trauers à la ſeruiette qui ait demy pied de large, faites que l'ourlet ſoit ioignant le bord de la bande, baſtonnez la ſeruiette de ſa longueur & la friſez, faites au deffaut de la bande enuiron quatre doigts de friſure, & laiſſez quatre autres doigts ſans friſer, refriſez encore quatre doigts & laiſſez prés l'ourlet quatre doigts ſans friſer pour former la queuë ; mettez vn pain long ſous la ſeruiette & rangez bien les bords, mettez vn autre pain dans la bande qui n'eſt point friſee, de laquelle vous formerez la gueule.

*La Carpe.*

Baſtonnez vne ſeruiette de trauers, friſez enuiron demy pied, & en laiſſez cinq ou six doigts sans friser, frisez en encore autant, & en laissez autant san friser, & laissez á vn bout deux ou troi doigts sans friser pour faire la queuë: mettez vn pain long sous la seruiette pour faire le corps, & vn à la reine pour faire la teste.

### *Le Turbot.*

Bastonnez vne seruiette de trauers & la frisez iusqu'à quatre doigts de l'vn des bouts, mettez vn grand pain rond large & plat sous la seruiette du bout qui ne sera point plié, retournez-le en rond autour de la seruiette, faites vne petite teste & vne petite queuë.

### *La Barbuë.*

La Barbuë se fait de mesme le Turbot.

### *La Mitre.*

Pliez vne seruiette de trauers par le milieu, & faites que les deux ourlets soient ioignants ensemble, repliez les quatre coins de la seruiette en dedans, en sorte que cela fasse vne pointe dans le milieu qui soit large d'vn poulce ou enuiron bastonnez la seruiette de sa longueur, faites-la bien deliée, excepté la pointe que vous laisserez sans friser, ouurez la seruiette par la pointe, mettez vn pain rond dans le fond de la seruiette & la refermez, dressez la pointe en haut à demy ouuerte, vous pouuez mettre vn pain long dedans pour la tenir droite.

### *Croix du S. Esprit.*

Prenez vne seruiette quarrée, ou la pliez par vn bout en sorte qu'elle soit bien quarrée, pliez les quatre coins de la seruiette dans le milieu, & qu'ils se ioignent bien, & faites que les quatre pointes soient bien vnies & égales, retournez la seruiette de l'autre costé, la pliant de mesme façon, retournez-la encore vne fois, & la repliez de mesme, & la croix se trouuera bien formée : vous pouuez mettre vn pain rond dessous.

### *Croix de Lorraine.*

Pliez la seruiette de mesme la precedente & la retournez de l'autre costé, renverſez la pointe du milieu de la ſeruiette ſur les quatre pointes de dehors: vous pouuez mettre le pain rond dans la croix ou ſous la ſeruiette.

FIN.

www.ingramcontent.com/pod-product-compliance
Ingram Content Group UK Ltd.
Pitfield, Milton Keynes, MK11 3LW, UK
UKHW021552260726
13993UKWH00002B/790